Chanoine BOURGEOIS

Curé-archiprêtre de Pont-Audemer.

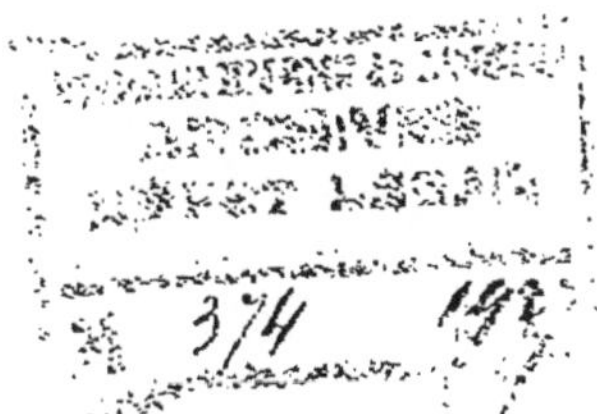

Monsieur l'Abbé ACARD

CHANOINE HONORAIRE D'EVREUX ET DE TYR
MISSIONNAIRE APOSTOLIQUE
SUPÉRIEUR HONORAIRE DU COLLÈGE D'ÉCOUIS

1842-1927

EVREUX
IMPRIMERIE DE L'EURE
6, RUE DU MEILET, 6

1927

Chanoine BOURGEOIS
Curé-archiprêtre de Pont-Audemer.

Monsieur l'Abbé ACARD

CHANOINE HONORAIRE D'EVREUX ET DE TYR
MISSIONNAIRE APOSTOLIQUE
SUPÉRIEUR HONORAIRE DU COLLÈGE D'ÉCOUIS

1842-1927

EVREUX
IMPRIMERIE DE L'EURE
6, RUE DU MEILET, 6

1927

IMPRIMATUR :

Ebroïcis, die XXIX Julii MDCCCCXXVII.

HÉBERT, *Vic. gen.*

Monsieur le Chanoine ACARD

« En la personne de M. le chanoine Acard, dis« paraît une physionomie très représentative du « clergé ébroïcien. » C'est ainsi que s'exprimait la *Semaine religieuse*, en annonçant sa mort. Le vénérable défunt était en effet, sans conteste, l'un des ecclésiastiques les plus distingués du diocèse. Il importe donc que nos annales conservent les traits de cette belle figure de prêtre, dont la mémoire restera en bénédiction ; qu'elles relatent, pour l'édification du clergé et des fidèles, cette longue vie sacerdotale si bien remplie.

* * *

Théodore-André Acard naquit à Rugles le 5 octobre 1842. Il reçut de Dieu, à son arrivée en ce monde, des dons dont la munificence ne tarda pas à se manifester : une intelligence vive et avide de savoir, une volonté énergique et résolue, un cœur noble et généreux, une naturelle distinction à laquelle l'éducation familiale conserva toute sa simplicité et qui se mua chez le jeune homme et plus tard chez le prêtre, en une exquise urbanité de manières, dont il ne se départit jamais, pas même aux jours de son extrême vieillesse.

D'autre part les lettres que lui écrivaient ses

parents, alors qu'il était encore qu'un tout jeune séminariste, révèlent le milieu dans lequel la Providence divine plaça son berceau. Chez son père, une foi profonde, qui dénotait une âme fortement trempée. Chez sa mère, une solide piété, qui s'imprima sur l'âme du jeune enfant en traits indélébiles.

Rugles, en ces jours-là, avait pour curé un prêtre de zèle, qui s'appliquait avec vigilance à discerner les vocations. M. le chanoine Gosse jeta les yeux sur Théodore Acard. Un esprit aussi éveillé, une piété si édifiante ne pouvaient à son sens que se développer dans un foyer chrétien. De si précoces qualités lui apparaissaient comme un terrain fécond, sur lequel il y avait lieu de fonder de belles espérances. Il ne se trompait pas. L'enfant pressenti manifesta bientôt son désir d'aller au Séminaire; et, il fut confié, par son curé, à l'abbé Chansereul, vicaire de la paroisse, dont la demeure était déjà une véritable école presbytérale. Il en reçut les premières leçons de latin, en compagnie de plusieurs autres enfants, dont la vie s'orientait, comme la sienne, vers le sacerdoce.

M. Acard conserva un souvenir délicieux de ces tout premiers entretiens, qui marquèrent, pour lui, l'appel de Dieu. Aussi, quand, le 23 septembre 1866, jour où M. le Doyen de Rugles rendit son âme à Dieu, il fut invité à prononçer son oraison funèbre, il le fit dans un discours, qu'il faudrait citer tout au long, tant il est admirable de délicatesse exquise et de reconnaissante affection envers son vieux curé. Soixante ans plus tard (1), dans la cérémonie des noces d'argent de M. le chanoine Hard, au soir de sa vie par

(1) Le 24 juin 1926.

conséquent, la pensée de ces jours lointains revint encore sur ses lèvres, et il évoqua, devant ses compatriotes, en des accents, qui furent, pour lui, le chant du cygne, « le temps de sa jeunesse où « quatre prêtres nouveaux, sortis de leurs familles, « montaient le même jour au Saint Autel pour y « célébrer leur première messe. »

Théodore Acard goûta si bien les leçons de son vicaire qu'il ne voulut pas s'en séparer. Quand M. l'abbé Chansereul fut nommé à la cure du Tilleul-Othon, il le suivit pour se préparer à sa première communion, qu'il fit le 25 juin 1854 dans cette paroisse et pour continuer, sous sa direction, l'étude du latin.

*
* *

Si des documents précis nous manquent sur cette période de son enfance, leur carence ne nous empêche pourtant pas d'affirmer qu'il fit, à l'école du jeune Curé, des progrès rapides. En effet, au début d'octobre 1854, à peine âgé de douze ans, il entrait au Petit Séminaire d'Evreux ; et nous savons, par le palmarès de la distribution des prix du 1er août 1855, qu'il remporta comme élève de quatrième de brillants succès.

Un certain nombre de travaux, religieusement conservés dans la collection de ses œuvres oratoires permettent de mieux apprécier la culture intellectuelle, acquise par le jeune rhétoricien de 1858. On constate déjà que ses maîtres reconnaissent en lui un élève supérieur. C'est lui qu'ils désignent pour prendre la parole, au nom de ses condicisples, lorsque quelque événement grave vient à se produire dans la communauté. Si sa prose se distingue par une forme impeccable qui charme l'oreille et captive l'intérêt, plusieurs compositions en vers français accusent la même élégance d'expression, entre autres une longue pièce, intitulée : *Les tribulations du papier*, lue le 16 février 1858 en séance académique et trois compliments, datés de la même année : le premier, adressé à Mgr de Bonnechose pour la nouvelle année, le second à Mgr Devoucoux pour sa première visite au Petit Séminaire, le troisième à M. le chanoine Sébire, supérieur de la maison, à l'occasion du départ des rhétoriciens, qui vont entrer au Grand Séminaire. Ces morceaux qui dénotent déjà une plume exercée figureraient avec honneur dans un recueil de poésies comme des modèles de belle tenue littéraire et de bon goût.

Théodore Acard, qui n'avait pas encore atteint sa seizième année avait terminé ses études classiques. Après tant de lauriers, cueillis à la fin de chaque année scolaire, attestés par les morceaux choisis que nous avons sous les yeux, il paraissait indiqué qu'il se présentât à la fin de sa rhétorique au baccalauréat. Il n'en fut rien pourtant.

Peut-être sa vocation de professeur n'était-elle pas encore suffisamment évidente à ses yeux? Et alors, il ne vit pas la nécessité de se pourvoir de diplômes universitaires. Ce qui semble autoriser une semblable hypothèse, c'est qu'il laissera passer les années du Grand Séminaire, sans s'en inquiéter. Au bout de sa troisième année de professorat seulement, alors qu'il est déjà prêtre depuis un an, il reprend ses classiques, en vue du baccalauréat ès-lettres, dont il subit les épreuves avec succès le 14 et le 16 août 1866.

*
* *

En octobre 1858, M. Acard entra au Grand Séminaire d'Evreux. Il y passa cinq années, comme tous les aspirants au sacerdoce. L'abbé Acard a consigné, dans des notes intéressantes, ses sentiments de Séminariste. Il entrevoyait, dans la vive lumière de sa foi, le sacerdoce comme le plus grand honneur, qui puisse être fait à un homme, mais aussi comme un office qui entraîne avec lui de lourdes responsabilités. *Opus grande sacerdotium*, écrivait-il à un ami, qui le félicitait d'orienter sa vie, du côté du sanctuaire. Aussi bien, il se prépara à chacun des ordres, avec une ferveur, dont il n'est pas difficile de se faire une idée, quand on a vu de tout près cette nature ardente et généreuse.

Ses travaux de Séminaire ont leur place dans le cartonnier de ses écrits. On y voit des thèses théologiques, dont le développement prend parfois la dimension de véritables volumes : œuvres de chercheur et d'érudit, qui révèlent un travail personnel déjà considérable, œuvres de dialecticien solide contre des adversaires, dont les noms seuls laissent supposer qu'elles donnèrent lieu à des joûtes oratoires et scientifiques du plus haut intérêt. On y remarque surtout, le goût prononcé qu'il manifeste pour les études scripturaires. Les chefs-d'œuvre de Rome et d'Athènes feront ses délices de littérateur, quand plus tard il sera professeur d'humanités. Pendant son séminaire, ce sont les Livres sacrés, qui fixent toute son attention. Il les lit et les relit, depuis la Genèse jusqu'à l'Apocalypse en extrait des notes et des pensées qu'il consigne avec ordre et méthode dans des cahiers spéciaux. Servi par une heureuse mémoire, il en apprend le texte par cœur. Sa conversation, sa phrase en expriment fréquemment le sens; ses sermons et ses discours exhalent un parfum oriental, qu'on ne rencontre pas sous d'autres plumes.

L'Ecriture Sainte sera, pendant toute sa vie, l'étude préférée de M. Acard. Nous avons trouvé sur son bureau, après sa mort, un volumineux cahier, portant le titre : *Glanes d'épis bibliques.* Aux deux tiers rempli de notes, dont une écriture chancelante et mal assurée trahit la toute récente rédaction, il est la preuve que le vieux chanoine vivait avec elle, dans un commerce quotidien. On peut dire de lui ce que saint Jérôme disait de Népotien : « Les pages sacrées étaient sans cesse entre ses « mains. C'est là qu'il apprit ce qu'il devait enseigner, c'est là qu'il acquit cette parole sûre, en « tout conforme à la science, afin de pouvoir exhorter selon la saine doctrine et confondre ceux qui « la contredisent... La lecture assidue des Saintes « Lettres avait fait de son âme une bibliothèque « sacrée. *Qui, lectione assiduâ, pectus suum « bibliothecam fecerat Christi.*

*
* *

Le cycle des études préparatoires au sacerdoce allait bientôt s'achever avant que M. Acard eût pu recevoir les ordres majeurs. Il n'avait pas encore atteint les vingt et un ans requis par le droit canonique pour être honoré du Sous-diaconat. Mgr Devoucoux ne pourra le lui conférer que le 19 décembre 1863. Il lui faudra de même une dispense de Rome pour l'ordonner prêtre le 29 juin 1865, date à laquelle il manque à M. Acard plus de trois mois pour avoir vingt-trois ans.

En février 1863, on le nomma Professeur au Petit Séminaire pour remplacer M. Lambert, atteint d'une grave indisposition. Il s'en réjouit, car il allait y retrouver un supérieur émérite, M. le chanoine Sébire. Mais un événement grave devait marquer la rentrée d'octobre 1863. M. Sébire, nommé à la cure de Notre-Dame de Verneuil quittait Saint-Aquilin, dont la direction était désormais confiée aux prêtres de la mission avec M. Berger comme Supérieur. Plusieurs ecclésiastiques du diocèse restaient chargés de classe dans l'établissement. C'était une situation quelque peu délicate en vérité, car il s'agissait de fondre dans une union étroite un corps professoral, dont les membres étaient, pour une part, des religieux et, pour une autre, des séculiers.

M. Acard, ardent, un peu exubérant, comme il est permis de l'être à vingt ans, possédait au plus haut degré la loyauté et la droiture. On le savait légèrement indépendant mais d'une indépendance de bon aloi, qui ne nuirait en rien chez lui à la religieuse déférence dûe à l'autorité légitime. On avait pu, d'ailleurs, apprécier à loisir au Grand Séminaire, son intelligence et son esprit surnaturel.

Mgr Devoucoux le maintint à la tête de la classe de quatrième. C'est alors qu'il vit s'asseoir au pied de sa chaire, des élèves distingués dont les qualités d'esprit révélaient déjà les services éminents qu'ils devaient rendre à l'Eglise, entre autres : Edmond Herpin, le futur Vicaire général, qui de tous lui survivra et présidera ses obsèques et Adolphe Amette, le futur Cardinal archevêque de Paris.

L'abbé Acard parlait avec complaisance de ses premiers disciples, « les premiers fils de sa parole et de son cœur » comme il les appelait. Depuis les jours lointains de Saint-Aquilin, se scella entre eux et lui une alliance faite des sentiments de la plus paternelle affection et de la plus filiale gratitude, qui dura jusqu'à la mort. Pour s'en rendre compte, il faudrait lire ces toasts délicieux, qu'il prononçait dans l'intimité de leurs réunions de cours, où ils voulaient chaque année sa présence. Tous les souvenirs du passé : menus incidents de la vie scolaire, espièglerie des uns, gravité précoce des autres, succès, pensums même reviennent sous sa plume avec une finesse d'expression à nulle autre pareille. Les réminiscences classiques s'y pressent en abondance, voisinant avec les textes de la Sainte Ecriture, qu'il accommode toujours avec une inimitable habileté et dont il fait, selon les circonstances, des applications on ne peut plus heureuses.

L'Evêché de Bayeux et l'Archevêché de Paris, les presbytères de ses anciens élèves entendirent ces morceaux choisis, dont la collection formerait un beau volume. Il ne nous est pas possible d'en citer, même de courts extraits, dans une notice qui ne peut pas être démesurément longue. Qu'on nous permette cependant de reproduire textuellement la lettre adressée à Mgr Amette, nommé évêque de Bayeux, qui l'avait invité à son Sacre et au déjeuner, qui devait suivre l'imposante cérémonie : « Je suis « trop fier, Monseigneur, de compter maintenant un « Evêque parmi mes élèves pour manquer la céré- « monie de votre sacre. La fête du 25 (1) nous rap-

(1) Mgr Amette fut sacré Evêque le 25 janvier 1899, jour de la fête de la Conversion de saint Paul.

« pelle saint Paul confié comme catéchumène à
« Ananie et devenu bientôt plus grand que lui.
« Ananie n'était point prêtre, je pense, quand il
« versa dans l'âme de saint Paul les premières
« semences, qui devaient en faire l'Apôtre des na-
« tions et ces semences furent merveilleusement
« fécondes. Moi, non plus, je n'étais pas encore
« prêtre, quand je versai dans votre intelligence
« ces premiers rayons, qui sont devenus un astre
« si brillant. J'ai donc quelque droit de me compa-
« rer à Ananie et de me réjouir comme lui, du dis-
« ciple, qui m'a été confié et qui, plus heureux que
« saint Paul, n'a point eu besoin de conversion.
« Quand je veillais sur votre sommeil, j'ignorais que
« j'étais pour quelques soirs l'Ange gardien d'un
« Ange de l'Eglise. Maintenant que j'ai replié mes
« ailes, ouvrez les vôtres et donnez une place dans
« votre cœur de Pontife à ceux qui vous en ont
« donné une dans leur cœur de lévite. Pardonnez-
« moi d'évoquer ces lointains souvenirs d'un passé
« qui, pour vous disparaît dans les éblouissements
« du présent. Mais, pour moi, c'est le passé, qui me
« réjouit plus que le présent et votre sacre est pour
« votre ancien professeur, la bénédiction de Joseph,
« remontant vers Jacob, aux rives de Gessen. »

Lignes d'une touchante délicatesse. On ne peut pas les lire sans un sentiment de profonde émotion.

L'abbé Acard se montra d'emblée au Petit Séminaire, professeur de premier ordre. Malgré sa jeunesse, il exerçait sur ses élèves un véritable ascendant. Des prêtres, vieillis à l'heure présente, se rappellent ses classes, qui furent toujours si vivantes, d'un intérêt si captivant. Des adresses, composées à l'occasion de sa fête, classées comme des reliques précieuses, dans sa bibliothèque, permettent, à plus de soixante ans de distance, de s'en faire une idée. L'autorité diocésaine n'était pas non plus sans le remarquer : aussi bien, pour lui marquer sa satisfaction, elle en fit, à la rentrée de 1869, un professeur de seconde.

Le travail, que M. Acard devait fournir pour préparer ses classes, n'arrivait pas cependant à occuper toute son activité. Entre temps, il préparait ses examens pour recevoir successivement le sous-diaconat (1863), le diaconat (1864) et la prêtrise (1865), il subissait avec succès — nous l'avons dit plus haut — les épreuves du baccalauréat-ès-lettres (1866) ; il abordait la préparation du baccalauréat en théologie, « par amour pour la Sainte Eglise », comme en témoigne une lettre du 14 janvier 1868 au Recteur du Collège Romain (1) ; il publiait (1869) *les Souvenirs de Saint-Aquilin*, « opuscule qui sera pour tous un document précieux », lui écrivait Mgr Devoucoux en le félicitant, et dont l'un de ses collègues, M. Bouley disait « qu'il n'est pas besoin de la rime pour atteindre à l'éloquence et « même à la poésie. » Enfin, il remplissait les fonctions de vicaire à la Cathédrale (1871-1872). L'*Ordo* de 1872 en fait foi, comme une nomination officielle conservée dans ses papiers et plusieurs prônes, donnés à la messe paroissiale.

---

(1) Il ne fut pas possible à M. Acard d'obtenir ce grade théologique. Le Recteur du Collège Romain, Pierre Ragarrini, par lettre du 28 janvier 1868, lui fit savoir que, pour l'obtenir, il était nécessaire de fréquenter, deux ans au moins les cours du collège : *Qui, integro theologiæ cursu in scholis publicis extra Universitates expleto, lauream theologicam in Collegio Romano obtinere cupiunt, scholas tertii et quarti anni, pro cursu theologico ordinatas*, biennio *frequentabunt*...

*
* *

M. Acard avait donné sa mesure pendant neuf années de professorat. Il était juste qu'il dépensât ses talents sur un champ plus vaste et sur un théâtre plus élevé.

Alors, le collège d'Ecouis avait été mis à sac par les soldats allemands installés en vainqueurs dans tout le Vexin. Il avait besoin d'une main ferme pour lui permettre de continuer sa bienfaisante mission. Fatigué, le Supérieur d'alors, M. Torquet, n'avait plus la force de mener à bien l'œuvre de la réorganisation. M. Odieuvre qui le remplaça, abandonnait lui-même la place, après une année, pour des raisons de famille. Mgr Grolleau tourna ses regards vers M. Acard. C'était le 27 août 1872. Le nouveau Supérieur n'avait pas encore trente ans. Cette nomination fut un événement dans le diocèse, mais elle n'étonna personne.

Le 11 octobre suivant, il prit possession de ses nouvelles fonctions. Son discours d'installation produisit une impression profonde : « J'ai quitté, le « cœur plein de larmes, les lieux où j'avais vécu, au « milieu d'enfants, qui m'aimaient et que j'aimais » disait-il. Puis empruntant la parole de Ruth à Noémi : *Populus tuus, populus meus et Deus tuus et Deus meus* (1), il ajoutait : « Votre terre est deve- « nue la mienne et votre sanctuaire le sanctuaire de « mon sacerdoce... Malgré la tristesse de la sépara- « tion, ma venue en ces lieux n'a point été l'exil. « Partout où le soldat porte son drapeau, il porte sa

(1) Ruth, I, 16.

« patrie. En venant ici planter l'étendard, sous « lequel j'ai voulu enrôler votre enfance (1), j'y ai « planté mon cœur, arraché de la terre, qui le pos- « sédait et votre patrie est devenue ma patrie. » Par le prestige de sa jeunesse, le rayonnement de sa belle intelligence et la noblesse de ses sentiments, le jeune Supérieur avait fait la conquête du corps professoral et capté le cœur des élèves. En peu de temps, ce fut une véritable emprise.

M. Acard se mit à l'œuvre avec ardeur ; et, bientôt, l'ordre revint dans l'établissement. Les études s'y faisant sérieuses et en tout conformes au programme de l'Université permirent d'enregistrer des succès scolaires appréciés. D'autre part, les Curés du Vexin se firent, dans l'œuvre du recrutement des élèves, ses collaborateurs dévoués. Ils lui demandaient le concours de sa parole, pour leurs cérémonies paroissiales : adorations perpétuelles, fêtes patronales, bénédictions d'églises et de chapelles. Ils furent toujours accueillis avec empressement. Un coup d'œil jeté sur son sermonnaire suffit pour constater qu'il fut, pendant ses onze ans de séjour à Ecouis, le prédicateur écouté de la plupart des paroisses du Vexin. Il fixa de la sorte sur sa personne, l'attention bienveillante des familles ; et, en peu d'années, Ecouis fut à l'apogée de sa prospérité. Mgr Grolleau souligna, le 28 janvier 1875, cette activité féconde en jetant sur les épaules de l'éminent Supérieur la mosette des chanoines de la Cathédrale d'Evreux.

D'ailleurs, M. Acard imposait son autorité morale par des écrits remarqués. C'est de cette époque de

(1) La bannière du Sacré-Cœur avec cette devise : *Ascensiones in Corde suo disposuit.*

sa vie, que datent, en effet, ces merveilleux discours, qui donnèrent un si brillant éclat aux distributions de prix du collège, où tout ce que le Vexin comptait de notoriétés accourait avec empressement pour entendre sa chaude parole et applaudir à ces pages de littérature, de science et d'histoire, que personne n'a oubliées : *les Gloires du Vexin* (1873), *la Chapelle du Collège chrétien* (1875), *les Bienfaits de l'Association* (1876), *le Combat de la Vie* (1881), *l'Etude Géologique du Vexin* (1882), *le Progrès* (1883). Pour mieux implanter la foi dans l'âme de ses élèves, il alla jusqu'à composer une tragédie en trois actes, dont *saint Nicaise, l'apôtre du Vexin,* fut le sujet. Il la mit sur la scène, au collège, un jour de prix, aux applaudissements de l'assistance. *Mementote præpositorum vestrorum, qui vobis locuti sunt verbum Dei et quorum intuentes exitum conversationis, imitamini fidem* (1) : cette parole de saint Paul avait inspiré son pieux dessein.

M. Acard, en arrivant à Ecouis, s'était tout d'abord occupé de l'intelligence et de l'âme de ses élèves, en groupant autour de lui un personnel d'élite, mais il ne pouvait pas se croiser les bras devant le fâcheux état matériel du collège, vieilli et délabré. Un rajeunissement s'imposait pour qu'il répondit aux exigences du confort moderne. Il en exposa le projet à Monseigneur l'Evêque, au cours de l'année 1875, sous la forme d'une pressante instance dont l'un des grands élèves de la maison (2) se fit l'interprète. Aux prix du 3 août 1875, il prit comme

---

(1) Saint Paul aux Hébreux, XIII, 7.

(2) Lucien Parmegiani.

sujet de discours : *la chapelle du Collège chrétien.* C'était le commencement d'une campagne entreprise dans le but de doter d'une jolie chapelle, consacrée au Cœur de Jésus, le vieux collège. Il voulait, avant tout, donner à l'Hôte de nos tabernacles une demeure digne de son amour pour nous. Le plan en fut bientôt dressé et l'emplacement choisi ; les souscriptions de l'Evêque, du clergé du Vexin, des anciens élèves et des familles arrivèrent empressées. Encouragé par ces concours, le jeune et vaillant Supérieur avait même arrêté la date de la pose de la première pierre : le 16 juin 1876, pour marquer l'anniversaire du décret, qui autorisait la construction de la Basilique de Montmartre.

Que se passa-t-il? on ne le sut pas. La cérémonie projetée n'eut pas lieu. Il dira sans doute dans son discours des prix du 1er août suivant : « Un jour qui « a pu être retardé, mais qui n'est pas éloigné, « j'espère, on apercevra de tous les points de notre « Vexin la flèche de notre chapelle. Que vos regards « s'y tournent de temps en temps avec votre pen- « sée. » Mais on peut se demander si ses espérances n'étaient pas déjà, sinon ruinées, du moins bien ébranlées, car il n'apparaît pas qu'il ait jamais repris l'exécution de son projet. Ce fut pour son cœur généreux une épreuve, qu'il se contenta d'exprimer le jour de son départ, par ces seules paroles : « Le « sanctuaire est resté dans son état primitif, atten- « dant comme l'Arche d'alliance sous la tente de « Silo, que Salomon vienne compléter l'œuvre de « Moïse. »

L'abandon de ce projet ne fut, d'ailleurs, que la première de ses déceptions. M. Acard demandait avec une insistance qu'accentuait le souci de son œuvre, la restauration du collège. On la lui promit, mais elle était, d'année en année, remise à plus tard. Ecouis, après des jours de prospérité — plus de cent élèves s'y pouvaient compter — vit sa splendeur décroître. Alors, on se décida de restaurer et d'agrandir la plus ancienne institution du diocèse, qui avait donné à l'Eglise tant de générations de chrétiens et de prêtres... pour la remettre en d'autres mains. Il en eut le cœur brisé. Il nous semble entendre encore — quoique quarante-quatre ans se soient écoulés depuis — le discours de ses adieux. Ses paroles, pleines de mélancolie, nous fendirent l'âme. Il laissait au seuil de la Terre promise ses enfants du Vexin, les remettant aux mains de Josué, qui devait les y introduire. La tentation lui vint de laisser échapper de ses lèvres le « Super Flumina Babylonis », mais il se reprit bien vite : « Partout « où il porte ses pas, le prêtre, en retrouvant un « autel, ne retrouve-t-il pas une patrie? » Et il se contenta de remercier du fond de son âme tous ceux qui l'avaient entouré de leur sympathie : ces prêtres du Vexin, qui l'avaient aidé et soutenu en des jours difficiles, ces autorités en qui il n'avait trouvé que de la bienveillance, ces familles qui étaient restées fidèles à la maison; puis, détournant ses regards des souvenirs du passé, qui auraient bien vite amené des larmes dans ses yeux, il salua, pour réconforter son cœur, les espérances de l'avenir, avec les accents prophétiques d'Isaïe : « Lève-toi donc, demeure « rajeunie d'Ecouis, lève-toi comme une Jérusalem « nouvelle toute brillante de clartés! Que la gloire « du Seigneur repose sur toi et que les peuples qui « t'entourent, marchent à ta lumière et à la splen- « deur de ta nouvelle aurore! Lève les yeux autour

« de toi et vois tes fils se rassembler autour de « toi ! »

M. Acard avait vu s'effondrer ses projets et ses espérances. Il s'éloigna, offrant à Dieu cette épreuve. Même sur des lèvres chrétiennes, il n'est pas rare de n'entendre d'éloges que pour les œuvres qui s'achèvent sur un succès : il rencontra donc des critiques, des détracteurs, voire même des ingrats. Le prêtre n'a pas à s'en étonner. Ne doit-il pas, plus que tout autre, accomplir en lui-même ce qui manque à la Passion du Christ ? On ne l'entendit jamais s'en plaindre en des termes, qui blessèrent la charité. Dieu lui avait donné une grande bonté naturelle. On put dire de lui ce que les Livres Saints disent du Sage : *Non enim habet amaritudinem conversatio illius* (1). Ecoutez plutôt la manière élégante, où il racontait son départ d'Ecouis, trente ans plus tard, quand il célébra devant ses anciens élèves le 20 septembre 1923, ses noces de diamant de professeur : « En 1880, Mgr Grolleau créa à Evreux, « l'école Saint-François de Sales, qu'on a justement « appelée le Palais de l'Enseignement libre et il fit à « Ecouis le désastreux honneur de lui enlever l'élite « de son personnel pour en enrichir le nouvel éta- « blissement. La pénurie des prêtres du diocèse l'em- « pêchant de combler les vides, faits dans nos rangs, « il dut faire appel à la Congrégation des Eudistes « pour diriger la maison et fit bâtir l'aile neuve des « classes. Je dus dire alors comme Virgile :

Sic vos non vobis nidificatis, aves.

« Je me séparai d'Ecouis, suivant le mot d'un « vieux moine, comme l'ongle se sépare de la chair. »

(1) Sagesse, VIII, 16.

Nobles paroles d'un esprit supérieur et d'une âme élevée, que le terre-à-terre où s'agitent les mauvais sentiments, n'effleura jamais.

*
* *

M. le chanoine Acard fut nommé curé de la Neuve-Lyre, où il s'installa le 1er septembre, le jour de la fête patronale de la paroisse. Chateaubriand dans une de ses plus belles pages, nous dit que l'oiseau, après avoir fatigué son aile dans les climats lointains, aime à revenir vers les lieux où sa mère suspendit son nid. A cette heure où « sa vie com-« mençait à s'incliner vers les horizons de son cou-« chant » M. Acard revint de préférence s'asseoir près de ces rives de la Risle, qui furent le berceau de son enfance, car la Neuve-Lyre était la paroisse de son choix.

Un homme, doué de talents comme il l'était domine toutes les situations. Quand il est prêtre, il est apte à tous les ministères. Il est juste de dire cependant que M. Acard fut plutôt professeur que Curé. Il fut *professeur par inclination, Curé par devoir*. Il traduisait lui-même, avec autant de simplicité que d'humour, ce jugement sur sa personne, quand il disait à l'un de ses anciens élèves : « Si tu « fais mon oraison funèbre, tu diras que je n'ai été « qu'un médiocre curé ». Boutade, qu'il ne faut pas prendre à la lettre. Bon mot, sous lequel se cachait plutôt, sans arrière-pensée, sa modestie et son humilité. Il est vrai que, pendant son séjour de dix-huit ans à la Neuve-Lyre, il fit plusieurs grands voyages ; il sillonna le diocèse de l'est à l'ouest et du nord au midi et en franchit même souvent les limites, pour les prédications qui lui étaient demandées. Mais pendant ces absences-là, un vicaire substitut, sinon de titre, de fait certainement, exerçait sur ses paroissiens et en son nom, une vigilance attentive. Et, en dehors de ces excursions, qui ne lui prirent qu'un temps restreint, il se dévoua pour son troupeau, remplissant à côté de lui l'office d'un bon curé. Ses instructions dominicales, ses retraites de première communion, des allocutions nombreuses, prononcées devant le cercueil de beaucoup de ses paroissiens, où il trouvait moyen de prêcher les grandes vérités de la foi, vingt et une allocutions pour le mariage de la plupart de ses enfants de Marie, toutes ces pastorales, conservées dans un ordre parfait, dénotent le constant souci des âmes confiées à sa sollicitude.

Il avait une manière de tenir ses comptes qui ne cadrait pas toujours avec les formulaires de l'administration et nous ne voudrions pas assurer qu'il n'ait point plus d'une fois exercé la patience des vicaires généraux et des secrétaires de l'Evêché. Il se montra, en dépit de ces fantaisies qu'il fallait bien lui pardonner, administrateur averti des biens de la fabrique. Son successeur proclame encore aujourd'hui les heureux effets de sa gestion.

Les restaurations importantes exécutées dans le chœur de l'Eglise de la Neuve-Lyre, avec le précieux concours de M. Baraguey, sont les témoins éloquents de son zèle pour la maison de Dieu. *Dilexi decorem domus tuæ et locum habitationis gloriæ tuæ* (1).

---

(1) Ps. XVV, 8.

*
* *

La renommée de M. le chanoine Acard comme prédicateur devenait telle qu'un grand nombre de curés le demandaient de plus en plus fréquemment pour évangéliser leurs ouailles. D'autre part, il n'avait plus, pour veiller sur son peuple, son vieil et fidèle ami, l'abbé Picque, curé de la Vieille-Lyre que Dieu avait rappelé à lui. Il craignit qu'il n'ait plus à son service tout le dévouement assidu, auquel il avait droit. Il donna sa démission de curé de la Neuve-Lyre et se retira en juillet 1901 à la Barre-en-Ouche, chez son neveu, M. le Docteur Poussin.

Libre de ses mouvements, il pourrait alors se livrer plus entièrement à ce ministère de la parole, qu'il aimait tout particulièrement. Il s'y donna pleinement et avec succès. Pont-Audemer, Vernon, Bernay, Dreux l'entendirent, pendant les stations du Carême, dans les quatre années, qui suivirent immédiatement sa retraite. Il paraissait avoir quitté le ministère paroissial pour s'accorder, de temps à autre, un repos bien mérité : en réalité, il n'avait jamais fait preuve d'une si grande activité. Mgr Meunier, Evêque d'Evreux, pour marquer sa reconnaissance au vénéré chanoine, lui fit décerner par le Souverain Pontife, au mois de janvier 1903, le titre de Missionnaire apostolique.

*
* *

Au mois de juillet 1905, un malheur qui atteignit le diocèse, vint en même temps troubler dans ses travaux M. le chanoine Acard : la mort du cher chanoine Cresté, Supérieur du Collège d'Ecouis. Il avait été frappé en plein combat, à une heure où le succès couronnait son zèle — car Ecouis avait alors retrouvé les cent élèves que nous y avions connus en 1880 —. Il s'agissait de relever le drapeau de l'enseignement chrétien, tombé de ses mains. L'Evêque brisé par cette mort soudaine, alla frapper à la porte de M. Acard.

Dans son discours d'adieux à Ecouis, le 24 juillet 1883, M. Acard avait fait tout haut le serment d'Israël aux rives de l'Euphrate, « le serment de ne « jamais oublier cette Jérusalem des âmes où il « avait vécu les onze plus belles années de sa vie. » Il était, d'ailleurs, revenu bien des fois se reposer à l'ombre de ce qu'il avait aimé, prendre part aux belles fêtes du collège, retremper son âme dans ces joies de l'enfance chrétienne, qui lui étaient si douces. Il retrouvait là les fils de ses fils ; et, parmi eux, il se sentait quelque peu grand-père. Aussi bien, son cœur se sentit fléchir quand l'Evêque le supplia de ne point laisser Ecouis en détresse. Il lui fallait abandonner « la sauvage ramure des forêts » sous laquelle il avait pris l'habitude de se promener. Ce fut un sacrifice : mais tout son passé d'éducateur s'était réveillé en un instant et il reprit le chemin d'Ecouis.

L'année scolaire (1) fut heureuse et se termina sur un complet succès. Tous les élèves avaient été reçus au baccalauréat et au certificat d'études. La joie éclaira un instant son visage à la distribution des prix et l'auditoire, suspendu à ses lèvres retrouva dans son discours (2) les fiers accents d'autrefois :

(1) 1905-1906.

(2) Discours de prix du 28 juillet 1906, non imprimé.

« Trente-quatre ans se sont écoulés depuis ma pre-
« mière arrivée en ces lieux. Je reviens, dit-il
« comme un tardif reflux vous apporter les restes
« d'une voix qui tombe et d'une ardeur qui s'éteint
« comme disait Bossuet. Toutefois, si les souffles
« d'En-Haut daignent encore soulever et raviver
« cette vague, revenue des pôles glacés de la soixan-
« taine, elle pourra peut-être empêcher la grève de
« se dessécher et la barque qui porte Ecouis et sa
« fortune de rester inerte sur le rivage. » Mais l'assistance ne fut pas sans remarquer qu'à ces paroles de dévouement et de confiance se mêlaient de sombres pressentiments.

On était alors au plus fort de l'assaut contre la liberté d'enseignement. Le sinistre Combes avait été hissé au pouvoir pour appliquer les lois liberticides forgées dans les Loges maçonniques. En revenant à Ecouis, serait-il Isaïe, chantant les gloires de cette Jérusalem rajeunie, qu'il avait saluée vingt-trois ans auparavant ou Jérémie assis sur les ruines amoncelées par Nabuchodonosor et jetant au vent du soir ses lamentations désolées ?

Le Collège n'avait plus, en effet, que deux années à vivre. M. Acard protesta au nom de la justice et de la liberté ; il étala, sous les yeux du public, les titres authentiques de la propriété. Rien n'y fit. C'était la glorieuse défaite de Castelfidardo, la défaite de la faiblesse et du droit devant la force brutale. Le vieux Supérieur en avait été Le Lamoricière.

L'Assyrien cupide et haineux n'avait laissé derrière lui que le silence des ruines. Vers la fin de septembre 1908, M. le chanoine Acard quitta définitivement la maison et le 2 janvier 1909, Mgr Meunier le nommait Supérieur honoraire du collège d'Ecouis.

Pendant ces trois années, M. Acard s'occupa tout particulièrement de l'Association des Anciens Elèves. Elle avait été dans sa pensée, aux premiers jours de son ministère à Ecouis ; il suffit pour s'en convaincre, de relire son discours du 1er août 1876 ; *Les Bienfaits de l'Association ;* mais il ne semble pas qu'il ait, alors, été bien compris. Elle ne prit réellement corps qu'au mois de septembre 1892, lorsque Mgr Hautin le chargea d'en élaborer le projet et de préparer la première assemblée, de concert avec les frères Maristes qui, en ce moment-là, dirigeaient la maison. Elle vit le nombre de ses membres s'accroître progressivement, pendant les dix ans de supériorat de M. Cresté. Le retour à Ecouis de M. Acard lui donna son plein et parfait développement. Ces réunions annuelles si vivantes rendirent plus intimes les liens qui l'unissaient à ses fils : il les présidait avec une joie non dissimulée ; il y refit, dans une série de vingt-huit toasts, qui sont imprimés, toute l'histoire du collège. Les événements politiques de ces années de persécution religieuse, les congrès eucharistiques de Montréal, de Madrid, de Vienne auxquels il prit part, ses voyages à Jérusalem — il en fit trois — et à Rome — il en fit huit — lui donnèrent l'occasion de célébrer les triomphes de notre sainte religion, sous des cieux plus respectueux de la liberté que le nôtre. Tout était, sous sa plume et sur ses lèvres, le thème d'une éloquente leçon de morale, de patriotisme, d'esprit chrétien, de dévouement à l'Eglise et au Souverain Pontife. Aussi les années, qui s'accumulaient sur sa tête lui apportèrent, de notre part, un surcroît d'affectueuse vénération, à laquelle il était très sensible. Les témoignages qui lui en furent donnés allèrent même plusieurs fois s'abriter sous de mystérieux pseudonymes — qu'on attendait avec impatience et qu'on applaudissait avec frénésie — comme celui de 1905 par exemple, signé *Sabinus*, qui mérite d'être cité tout entier

Vous qui l'avez aimé, vous souvient-il encore
De ce front tout-puissant qu'illumine et décore
Un nimbe d'or de blonds cheveux;
De ce regard d'azur ou brille un feu céleste,
De ce charmant sourire et de ce large geste
Qui, pouvant commander : je veux
Semblait dire : je vous en prie.
Anciens, en votre âme attendrie,
Remuant le passé par les ans embrumé,
Vous souvient-il du Maître
Dont l'image en nos cœurs ne cesse de renaître,
Vous qui l'avez aimé !

Anciens, vous souvient-il de ces discours sublimes
Où, prenant son essor vers les plus hautes cimes,
D'un coup d'aile avec lui nous entraînant ravis,
Trouvant des mots sans nombre à ses lois asservis,
Il planait radieux au vol de ses pensées ?
Ses paroles fuyaient ardentes et pressées,
Tantôt nuages noirs qu'il éclairait soudain
D'un fulgurant éclair de suprême dédain ;
Tantôt flocons légers où se jouait l'écharpe
Aux sept couleurs d'iris : langage où se mirait
La beauté de son âme, où le suave attrait
De sa voix frémissait, plus doux qu'un chant de harpe.

Vous qui l'allez revoir, oh ! ne me dites pas
Si son front moins vainqueur vers la terre se penche,
Et si le nimbe d'or s'est fait couronne blanche
Sous la neige des ans ; si son geste est plus las
Son sourire moins doux ; si l'altière étincelle
De son regard d'azur dans la brume chancelle
Si l'astre de jadis peut pâlir vers le soir,
Vous qui l'allez revoir !...

Que me fait le présent! l'avenir? — Que m'importe!
C'est vers le seul passé que mon cœur se reporte.
O passé de mes jeunes ans!
Mer sans écueils, mer sans brisants,
Où ma barque, loin de l'orage
A tracé son premier sillage;
Passé des rêves enchanteurs,
Passé des suprêmes hauteurs,
Passé des élans magnanimes!
Mer sans récifs, mer sans abîmes,
Mer sans fureurs
Aux flots berceurs,
Passé sans haine
Reviens, ramène
Sur ma lèvre flétrie, un de ces cris d'enfant
Joyeux, frais et loyaux, sans calculs bas et traîtres
Et qu'il soit le salut qu'au maître de nos maîtres
J'adresse triomphant.

*
* *

Successivement professeur, vicaire, supérieur d'institution, curé, M. Acard fut, pendant tout le cours de sa longue vie sacerdotale *prédicateur*, et on peut le dire sans conteste, *prédicateur distingué*. Il commença son labeur au lendemain de son ordination pour ne l'achever que la veille de sa mort, En effet, nous avons trouvé, sur son bureau, écrit en entier, le sermon qu'il devait prononcer le 29 juin dernier, aux noces d'or de M. le Doyen de Broglie. Ce sont les *novissima verba* du vénérable chanoine à la gloire du sacerdoce de Jésus-Christ, qu'il célébra si souvent en des pages d'une sublime éloquence et qui resteront, dans l'avenir, comme le plus beau monument de sa science, de sa foi et de sa piété.

Personne n'ignore ce que fut comme écrivain,

M. le chanoine Acard. Ses discours d'Ecouis au temps de son double supériorat, ses toasts aux réunions des anciens de l'étalissement comme aux réunions de cours du Cardinal Amette, une quarantaine de notices et d'oraisons funèbres de prêtres ou de catholiques éminents du diocèse, une centaine de comptes rendus sur des sujets divers : fêtes religieuses, congrès eucharistiques, relations de ses voyages à Rome et à Jérusalem, insérés dans la *Semaine Religieuse*, dont il fut le fidèle et persévérant collaborateur, n'ont besoin que d'être lus pour donner une appréciation juste de ce que fut son prodigieux talent de littérateur et d'érudit.

Tous ces écrits n'en donnent pourtant encore qu'un aperçu très réduit. M. le chanoine Acard a composé surtout une œuvre doctrinale de tout premier ordre. Ce prêtre, qui étudia par le menu les auteurs de l'antiquité grecque et latine, qui se pénétra du sens de la Sainte Ecriture et en sut par cœur presque tout le texte, qui fit des écrits de Bossuet son livre favori, se tenait fidèlement au courant du mouvement des idées scientifiques, religieuses, sociales qui se discutent dans les milieux intellectuels. Son âge, pourtant très avancé, ne l'empêcha pas d'être « à la page ».

Il n'était pas un improvisateur. Tout ce qu'il a prêché, est écrit. Son œuvre oratoire est une mine de trésors précieux. Souhaitons qu'ils ne restent pas enfouis dans la poussière de l'oubli, mais qu'un choix judicieux de ces diamants vienne au jour pour l'honneur du diocèse et de l'Eglise!

Nous avons pris la peine de feuilleter à tête reposée, les cahiers de M. le chanoine Acard. Qu'on nous permette, pour stimuler le zèle de nos confrères comme pour les édifier, d'en dresser sommairement l'inventaire. Ils contiennent pour carêmes, retraites de première communion, retraites de Dames et de Jeunes filles, pour des neuvaines, des triduums et des jubilés, un cours très complet de doctrine ; *cinq* sermons sur l'existence de Dieu et la Sainte Trinité, *quinze* sur Jésus-Christ, *quatre* sur la Passion, *six* sur la Croix, *huit* sur l'Eglise, *quinze* sur l'homme, l'âme et les fins dernières, *vingt et un* sur les devoirs du chrétien, *sept* sur les péchés de l'esprit et sur les défauts, *dix-sept* sur les vertus, *sept* sur les sacrements et la grâce et *dix-sept* sur l'Eucharistie pour des Adorations perpétuelles. Son répertoire ne renferme pas moins de *dix* allocutions différentes avant et après la communion, *autant* de sermons de Rénovation des vœux du baptême et de consécrations à la Sainte Vierge. Ses pélerinages à Jérusalem, un voyage en Egypte, l'histoire de sainte Jeanne d'Arc lui fournissent la matière de trois retraites de première Communion, en *dix*, *six* et *treize* instructions, dont la plupart sont de petits chef-d'œuvre composés pour la préparation des enfants.

Il chanta avec amour la Très Sainte Vierge en *dix-neuf* sermons, dont quelques-uns furent prononcés dans les Sanctuaires les plus célèbres : Notre-Dame de Lourdes, Notre-Dame de Bon-Secours, Notre-Dame de Grâce. M. Acard glorifia, par-dessus tout, le sacerdoce catholique. Pour les premières messes de ses anciens élèves, pour des noces d'argent, d'or et de diamant, dont il était toujours l'orateur désiré, pour des installations de prêtres, auxquelles les Evêques d'Evreux lui demandèrent plusieurs fois de présider, il écrivit *trente-six* discours, plus beaux les uns que les autres, — dont plusieurs ont d'ailleurs été imprimés — qu'on entendait les larmes aux yeux et qu'on ne relit pas sans ressentir une profonde émotion.

On ne trouve pas, dans son œuvre, moins de *quarante-huit* panégyriques, dans lesquels il exalta les vertus de nos Saints : sainte Anne, saint Joseph, saint Taurin, premier évêque d'Evreux, saint Germain d'Auxerre, saint Eloi, saint Gilles le patron de la Neuve-Lyre, sainte Geneviève, sainte Clotilde, saint Vincent de Paul, saint François de Sales, saint Antoine de Padoue, sainte Jeanne d'Arc, sainte Thérèse d'Avila, saint Jean-Baptiste de la Salle dont il raconta la vie et l'œuvre, près du tombeau du Christ, qui avait prononcé le *Sinite parvulos*, saint Hubert le *Robustus Venator* auquel il avait une toute spéciale dévotion, saint Jean-Baptiste Vianney, sainte Thérèse de l'Enfant-Jésus et beaucoup d'autres.

Il célébra les grandeurs du mariage chrétien dans *cinquante* allocutions : plaquettes gracieuses, qu'il déposa dans la corbeille de noces de ses frère et sœur, de ses neveux et nièces, des meilleurs de ses anciens élèves d'Ecouis et des jeunes filles les plus méritantes de la Neuve-Lyre.

Les sujets de circonstance abondent dans les écrits de M. le chanoine Acard. Sermons de prise de voile, de professions religieuses, sermons pour bénédictions de chapelles et de cloches, pour restaurations d'Eglise et pour consécrations d'autels, sermons ou conférences en faveur de la presse et de la liberté d'enseignement, voire même discours pour concours agricoles voisinent dans ses cahiers et révèlent une richesse de documentation et un bonheur d'expression, qui séduisent.

Enfin *douze* discours où, tantôt, il pleura sur les malheurs de la patrie vaincue et, tantôt, chanta les victoires, rapportées des champs de bataille, dans les plis de son drapeau, par l'héroïsme de nos soldats sont la preuve de son patriotisme et de son amour de la France.

Chacun des sermons de M. Acard contient une feuille, sur laquelle sont indiqués les dates et les lieux où ils ont été donnés. Nous avons eu la curiosité de faire, à ce sujet, de la statistique et nous avons constaté qu'il a prêché plus de *seize cents fois;* et, qu'en dehors du diocèse d'Evreux où tous les doyennés et, dans chacun d'eux, plusieurs paroisses ont entendu sa parole, vingt diocèses (1) avaient eu recours à son ministère. *In omnem terram exivit sonus... et in fines terræ verba* (2). Comme l'apôtre saint Paul le fit souvent au cours de ses voyages, on le vit même prêcher en mer la parole de Dieu. Embarqué sur le *Poitou*, qui conduisait en 1890 les pèlerins de Jérusalem, il fit pendant la traversée de l'Adriatique, une splendide paraphrase de l'*Ave Maris Stella*, pour l'ouverture du mois de Marie et donna, au cours du voyage, plusieurs conférences. Nous disions plus haut que ses travaux de prédicateur commencèrent dès le lendemain de son élévation au sacerdoce. C'est surtout depuis sa retraite à la Barre, alors qu'il n'avait plus d'autre souci, qu'il les porta au maximum de leur activité. A l'âge où d'autres, fatigués par un ministère laborieux, ménagent leurs forces

(1) Jérusalem, Bayeux, Beauvais, Bordeaux, Cahors, Chartres, Coutances, La Rochelle, Laval, Le Mans, Limoges, Nîmes, Paris, Reims, Rouen, Saint-Flour, Séez, Tarbes, Tulle, Versailles.

(2) Ps. XVIII, 4.

pour durer — il avait alors soixante ans — il se fit missionnaire. C'est de cette période de sa vie que datent les *quatorze* carêmes, qu'il donna dans le diocèse et au-delà (1). Il fut vraiment le *vir potens in opere et sermone coram Deo et omni populo* (2) que désignaient les disciples d'Emmaüs au divin voyageur, qui ne s'était pas encore fait connaître.

*
* *

La prédication n'absorba cependant pas tout le temps de M. Acard. Les paroisses sans pasteur se multipliant dans une inquiétante proportion depuis vingt-cinq ans, des confrères firent souvent appel au vénéré chanoine : ils le trouvèrent toujours obligeant et charitable.

Pendant une longue maladie, qui réduisit à l'impuissance le curé de la Barre, M. l'abbé Lemoine, il se fit son vicaire dévoué, acceptant même d'assumer la charge de la paroisse jusqu'à la nomination du successeur. C'est pendant cet intérim qu'il établit à la Barre la dévotion du premier vendredi du mois en l'honneur du Sacré-Cœur, conservée depuis lors pour la joie du pasteur et la sanctification des fidèles. En souvenir de ce ministère, il fit relever à ses frais, sur un point de la gracieuse bourgade, un Calvaire tombant de vétusté et dota l'Eglise, à l'occasion de ses noces de diamant, d'une belle statue du saint Curé d'Ars.

(1) Saint-Ouen de Pont-Audemer (1902), Vernon (1903), Sainte-Croix de Bernay (1904), Dreux (1905), Sainte-Croix de Bernay (1908), Saint-Charles de Sedan (1910), Saint-Léonard de Honfleur (1911), Falaise (1913), Saint-Paul de Nîmes (1914), Gisors (1915), Notre-Dame de Louviers (1916), Saint-Ouen de Pont-Audemer (1917), Oradour-sur-Vayres (1918), Notre-Dame des Andelys (1921).

(2) Luc, XXIV, 19.

*
* *

Nous avons eu l'occasion, au cours de cette notice, de dire plusieurs fois la charité de M. le chanoine Acard : charité qui le portait si spontanément à rendre service à ses frères dans le sacerdoce et qui retenait sur ses lèvres tout jugement désobligeant et sévère sur qui que ce soit. Elle se terminait chez lui par des libéralités qui, pour avoir été faites dans le secret, n'en sont pas moins certaines.

Tout jeune Supérieur, il cultiva dans le cœur de ses élèves, le sentiment de la compassion et de la charité. Un certain nombre de lettres que nous avons sous les yeux, quelques-unes signées de noms illustres, comme celui du cardinal Lavigerie, Archevêque d'Alger sont des témoignages irrécusables de ses offrandes personnelles comme de celles qu'il savait provoquer en faveur des œuvres catholiques.

En 1890, le Supérieur du Petit Séminaire, M. Aybram recommande à ses confrères de Beyrouth, d'Antoura et d'Alexandrie, de recevoir avec empressement M. Acard, qui accomplit son troisième voyage à Jérusalem : « Il nous a aidé dans « nos œuvres, leur dit-il, nous lui prouverons ainsi « notre reconnaissance. » En 1891, Mgr l'Archevêque de Tyr proclame sa charité pour les œuvres catholiques de Syrie, en le nommant vicaire général et chanoine honoraire de son archidiocèse. En 1894 le P. Séjourné, dominicain, du couvent de Saint-Etienne de Jérusalem le remercie de sa charité pour les Lieux Saints et d'une fondation à laquelle il a attaché son nom. En 1909, Mgr Meunier lui exprime sa gratitude d'un don généreux pour la création de la maison Saint-Philippe, à Saint-Aubin d'Ecrosville. En 1925, à l'occasion de ses noces de diamant sacerdotales, il envoie une offrande au Souverain Pontife, par l'intermédiaire de Monseigneur l'Evêque d'Évreux, qui revient de Rome avec un souvenir pour le vénéré jubilaire. « Vous le lui remettrez, avait dit le Pape, comme un gage de ma bénédiction et de mon affection très spéciale. » Et nous savons que, tout récemment, lorsque Monseigneur l'honora d'une visite au cours de sa dernière maladie, il lui remit pour les Séminaires la somme qu'il devait affecter à un neuvième voyage vers la Ville Eternelle, et, que, le jour des obsèques, M. le Secrétaire général de l'Evêché remportait une somme destinée aux œuvres diocésaines, suivant les termes de ses dispositions testamentaires.

*
* *

Depuis environ deux ans, le poids des années se faisait sentir sur M. le chanoine Acard. On le voyait fléchir, miné sournoisement par les infirmités de la vieillesse. Pourtant, son intelligence avait gardé toute sa brillante vigueur. On s'en aperçut bien tout récemment, à la cérémonie des noces d'argent de M. le Doyen de Rugles, où, évoquant le souvenir des douze prêtres, qu'il avait connus dans son enfance, il se surpassa dans cette péroraison : « O Rugles, ô mon pays natal, ô Jérusalem bénie « de mon enfance et de ma jeunesse, laisseras-tu « tomber de ton front le diadème glorieux dont « Dieu l'avait orné ? N'y aura-t-il plus de fils de la « promesse à sortir de tes flancs stérilisés et ta

« tribu sacerdotale s'évanouira-t-elle sans retour? « Une flamme plus ardente que celle de tes fonderies ne viendra-t-elle plus embraser quelques « cœurs, parmi cette jeunesse que je vois si belle « et si vivante autour de son pasteur? Et dominant « le grondement de tes laminoirs, une voix venue « du ciel ne descendra-t-elle plus sur les eaux de « ta Risle comme sur celles du Jourdain, pour « redire à quelqu'un de tes baptisés : celui-ci est « mon Fils bien-aimé, en qui j'ai mis toutes mes « complaisances? Et, quand la mort aura brisé « cette dernière corde de ma lyre sacerdotale, que « je puis faire vibrer encore aujourd'hui devant cet « autel, faudra-t-il la suspendre inerte aux saules « de tes rivages, comme s'ils étaient ceux des « fleuves de Babylone, sans qu'aucune main la ressaisisse pour y faire résonner de nouveau les « cantiques de Sion? » Ces sublimes paroles où il semble avoir concentré toute la puissance de sa pensée sont sûrement l'une des plus belles pages qu'il ait écrites et prononcées.

Encore quelques mois où il garda l'espoir de pouvoir travailler au bien des âmes et il devint une ruine qui s'écroulait un peu tous les jours, « l'arbrisseau fané », comme il disait dans son discours de Rugles, dont la mort allait bientôt faire la conquête. Au commencement du mois de mai, il fut impossible de se faire illusion sur la gravité du mal, dont il était atteint. Il ne disait plus la messe qu'avec beaucoup de peine. Le 9, dernier jour où il la célébra, il ne put le faire qu'avec l'assistance de M. le Curé de la Barre, qui lui prodigua, pendant sa dernière maladie, les témoignages du plus filial dévouement. Mais il ne put regagner, seul, la demeure hospitalière des siens. Son neveu, M. le Docteur Poussin, prévenu de la soudaine aggravation de son état, vint le prendre à l'église où il ne devait plus rentrer que pour y recevoir les honneurs de la sépulture. Immédiatement, une intervention chirurgicale fut jugée nécessaire : M. le chanoine Acard ne se méprit pas sur le résultat qu'il fallait en attendre, à un âge aussi avancé que le sien. Il voulut donc préparer son âme au grand voyage de l'éternité : il reçut avec foi et piété, le sacrement de l'Extrême-Onction et s'en remit, avec une admirable résignation, à la volonté de Dieu. Pendant près d'un mois, ce fut, de la part du vénérable vieillard, une âpre lutte entre la mort et sa robuste constitution : finalement, la mort le terrassa, le 3 juin, le premier vendredi du mois, le jour consacré au Sacré-Cœur de Jésus, qu'il avait si souvent et si éloquemment prêché et en qui il avait une si grande dévotion.

*
* *

Il y a, nous semble-t-il, profit pour les âmes pieuses à connaître le testament spirituel de M. le chanoine Acard. On y trouve, sous la forme quelque peu originale qui le caractérisait, ce qui fut la note dominante de toute sa vie : *L'amour des Lieux et des Livres Saints*.

Après avoir recommandé qu'un cierge rapporté par lui de Jérusalem soit allumé auprès de sa dépouille mortelle, il dit : « Les études scienti-
« fiques, ayant constaté que le bois de la vraie Croix
« de Notre-Seigneur Jésus-Christ était d'essence
« *conifère*, je veux un cercueil en sapin, pour que
« mon corps repose sur un bois semblable. Tout au

« plus, admettrais-je que le couvercle, qui ne sera « pas en contact avec mon corps, soit en chêne... « C'est une dévotion de pèlerin de Jérusalem que « tu pourras (1) faire connaître à ceux qui s'étonne- « raient de ma volonté sur ce point. C'est pour le « même motif que je veux être inhumé, revêtu de « mon rochet aux armes de Jérusalem. Tu mettras « dans mon cercueil la petite croix de nacre, qui est « à la tête de mon lit avec mon chapelet de Lourdes « (perles jaunes) et la petite Bible in-18, dorée sur « tranche, qui est sur mon bureau. On posera sim- « plement sur ma tombe une pierre blanche solide, « ne demandant qu'un entretien sommaire de pro- « preté. Les dimensions de cette pierre devront être « calquées sur celles du Saint-Sépulcre de Jérusa- « lem, savoir : 1 m. 90 de longueur sur 0 m. 93 de « largeur et 0 m. 60 d'épaisseur. En tête de cette « pierre, on gravera en creux de dimensions con- « venables, la Croix de Jérusalem, dont le modèle se « trouve sur mes cartes de visite. »

Il prit la précaution de composer lui-même l'inscription qui devait figurer sur cette pierre et qui devait être suivie des premiers mots de l'Antienne à la Croix : *O crux, ave, spes unica*. Pareils détails, chez un homme qui ne s'occupait que très secondairement de choses matérielles, sont la preuve que son esprit était sans cesse orienté vers les choses de Dieu.

*
* *

La pensée du jugement de Dieu, qui doit être particulièrement sévère pour une âme sacerdotale,

(1) M. le chanoine Acard s'adresse à son neveu, M. le Dr Poussin.

honorée de tant de privilèges et de grâces de la part de Dieu, s'associe à ces recommandations suprêmes. Il est trop familiarisé avec les textes sacrés pour ne point connaître l'avertissement de la Sagesse : *judicium durissimum his, qui præsunt, fiet* (1). Et dès lors, en plus des cinq cents messes, qu'il prie son légataire de faire célébrer pour le repos de son âme, il demande que, le jour de ses obsèques, un honoraire soit remis à chacun des prêtres présents pour une messe à dire à la même intention au premier jour libre.

Ajoutons, pour tout dire sur son esprit de foi, qu'il avait donné son nom à l'Association des prêtres du Saint Sacrement, dont le siège est à Laigle, pour recueillir encore de ce côté, le bénéfice des Saints Sacrifices, que les sociétaires s'engagent à célébrer, les uns pour les autres, après leur mort.

* * *

Le 7 juin, mardi de la Pentecôte, La Barre et les environs lui firent de solennelles obsèques. Une affluence qui débordait l'Eglise paroissiale, suivit jusqu'au champ du repos, avec un recueillement impressionnant, sa dépouille mortelle. Un groupe de plus de quarante prêtres, parmi lesquels on remarquait MM. le chanoine Herpin vicaire général délégué par Monseigneur pour le représenter à la cérémonie funèbre et la présider (2), Blin et Hélouis, du chapitre de la Cathédrale, les archiprêtres de Bernay et de Pont-Audemer, les doyens de Beaumesnil, Beaumont-le-Roger, Amfreville-la-Cam-

(1) Sagesse, VI, 6.
(2) Mgr l'Evêque donnait la Confirmation à Cormeilles.

pagne, Rugles, Gisors et Saint-Taurin, les chanoines Graux, Aumônier du Carmel de Gravigny, et Guttin, ancien doyen de Saint-Taurin, l'abbé Thuillier, curé de la Neuve-Lyre, les abbés Dechauffour et Brunetau, chapelains épiscopaux, montrait en quelle estime respectueuse le diocèse tenait le vénérable octogénaire.

La messe de *Requiem* fut célébrée par M. le Curé de la Barre. Après l'absoute, qui fut donnée par M. le chanoine Blin, doyen du chapitre, M. l'Archiprêtre de Pont-Audemer fit, en termes émus, le panégyrique du défunt.

Au cimetière, M. Paul Saudrais, de Gisors, président de l'Association amicale des Anciens Elèves d'Ecouis, entouré de MM. Gaston Jullien et Célestin Longfier, membres du Bureau de l'Association prononça une allocution, faite de délicatesse affectueuse et de foi ardente, qui produisit sur l'assistance une profonde impression.

* * *

La Sainte Ecriture (1) enregistre la mort de David, qui avait régné quarante ans sur Israël, en ces termes simples et complets : *mortuus est in senectute bona, plenus dierum et divitiis et gloria.* Il n'est pas téméraire de les appliquer au vénérable chanoine Acard.

Comme le roi-prophète, il est mort, dans une heureuse vieillesse comblé de jours, près d'accomplir ses quatre-vingt-cinq ans, *plenus dierum.* Comblés de biens, *plenus divitiis,* non pas des biens de la terre, dont il ne possédait que ce qui est

(1) Paralipomènes, XXIX, 28.

nécessaire pour vivre dans l'honnête aisance, convenable à la dignité du prêtre, mais de ces richesses spirituelles de la grâce, que lui méritèrent la célébration de vingt-trois mille messes, son long ministère d'éducateur, de curé et de prédicateur, ses libéralités aux œuvres catholiques et les vertus qui en firent un prêtre selon le cœur de Dieu. Il est mort comblé de gloire aussi *plenus gloriâ*. Lorsqu'à son dernier voyage à Rome, Mgr l'Evêque attira l'attention du Pape sur les soixante-deux ans de sacerdoce que M. le chanoine Acard devait célébrer le 29 juin dernier, Pie XI sourit aimablement et le chargea de lui remettre une médaille précieuse que nous avons vue épinglée sur le drap mortuaire, qui recouvrait son corps. Quelques jours après, un télégramme de félicitations paternelles, signé du Cardinal Gasparri, annonçant la concession d'une spéciale bénédiction apostolique arrivait à la Barre, éclairant de bonheur et de joie, les deux derniers mois du pieux vieillard.

Dieu, qui avait accordé à M. le chanoine Acard la faveur de solenniser ses noces de diamant de professeur et de prêtre à Ecouis, avec ses anciens élèves, ne lui permit pas de célébrer dans l'intimité des siens, ses soixante-deux ans de prêtrise. Quelques jours avant de les atteindre, il le convia au festin des noces éternelles.

Le diocèse d'Evreux voit disparaître en M. le chanoine Acard l'un de ses vétérans les plus honorables ; l'Eglise, un défenseur infrangible de ses libertés et de ses droits, les anciens élèves d'Ecouis la force principale de leur Association.

D'autres étaient, à coup sûr, plus désignés que nous pour retracer sa vie si pleine de travaux et de mérites. Cet honneur nous fut offert. En l'acceptant nous avons voulu répondre au vœu exprimé par le vénéré Supérieur; et plus encore, donner un dernier témoignage de filial respect au vieux maître, qui nous honora d'une si profonde amitié depuis les jours lointains de notre enfance. Au nom de ses anciens élèves, nous déposons sur sa tombe cet hommage de pieuse gratitude.

Le souvenir de M. le chanoine Acard. comme celui du Juste, sera fidèlement conservé. *In memoria æterna erit justus* (1). Tous nous demanderons à Dieu, dont la bonté et la justice sont infinies, de lui décerner la récompense promise aux prédicateurs de l'Evangile. *Qui ad justitiam, erudiunt multos, quasi stellæ fulgebunt in perpetuas æternitates* (2).

(1) Ps. CXI, 6.
(2) San. XII, 13.

Evreux, Imp. de l'Eure, 6, rue du Meilet. — G. Poussin, D^r.

www.ingramcontent.com/pod-product-compliance
Ingram Content Group UK Ltd.
Pitfield, Milton Keynes, MK11 3LW, UK
UKHW022150170726
13837UKWH00004B/1890

9 782329 205267